다투지 않고
좋은 친구가 되는 방법

초등학생을 위한 감수성 수업 ❶
다투지 않고 좋은 친구가 되는 방법

초판 1쇄 발행 2025년 4월 11일

글쓴이   박신식
그린이   최현주

편집   허현정
디자인 박영정

펴낸이   이경민
펴낸곳   ㈜동아엠앤비
출판등록 2014년 3월 28일(제25100-2014-000025호)
주소   (03972) 서울특별시 마포구 월드컵북로22길 21, 2층
홈페이지 www.moongchibooks.com
전화   (편집) 02-392-6901   (마케팅) 02-392-6900
팩스   02-392-6902
SNS   🅕 🅞 🅑
전자우편 damnb0401@naver.com

ISBN   979-11-6363-943-5 (74810)
         979-11-6363-942-8 (세트)

ⓒ 박신식, 2025

※ 책 가격은 뒤표지에 있습니다.
※ 잘못된 책은 구입한 곳에서 바꿔 드립니다.

 도서출판 뭉치는 ㈜동아엠앤비의 어린이 출판 브랜드로, 아이들의 지식을 단단하게 만들어 주고, 아이들의 창의력과 사고력을 키워 주어 우리 자녀들이 융합형 창의 사고뭉치로 성장할 수 있도록 좋은 책을 만들겠습니다.

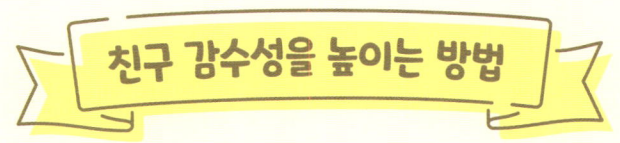

친구 감수성을 높이는 방법

친구는 어떤 사람일까요? 혹시 친구들이랑 잘 지내고 싶은데 사이좋게 지내는 게 어렵나요? 친구는 살아가는 데 가장 큰 영향을 주고받는 사람이에요. 친구를 사귀는 것은 사회성을 높이는 지름길로, 공부 못지않게 중요하지요. 게다가 오늘날에는 예전처럼 형제가 많지 않아 친구의 중요성이 더욱 커졌답니다.

친구를 잘 사귀는 사람은 다른 사람과 잘 어울리고 사회에 적응을 잘하는 사람으로 성장해요. 그런데 친구를 사귀거나 다른 사람과 잘 어울리는 것은 한순간에 이루어지지 않지요. 성장이 더딘 식물처럼 말이에요.

그렇다면 어떻게 해야 좋은 친구를 얻을 수 있을까요? 친구에게 무조건 잘한다고 해서 좋은 친구를 얻는 것은 아니에요. "좋은 친구를 얻는 유일한 방법은 스스로 좋은 친구가 되는 것이다."라는 격언이 있어요. 이 격언에 따라 '내가 좋은 친구가 되는 법'에 대해 생각하며 자기만의 친구 감수성을 높이는 것이 좋은 친구를 얻는 지름길입니다.

친구 감수성이란 '사회생활을 하면서 친구 관계에 관심을 두고 민감하게 살펴보며 자기 삶과 연결하는 힘'이라고 할 수 있어요. 친구 감수성이 높은 어린이는 스스로 좋은 친구가 되기 위해 노력하기 때문에 곁에 좋은 친구를 많이 둘 수 있습니다.

지금부터 『다투지 않고 좋은 친구가 되는 방법』을 읽고 친구를 대하는 자기 모습을 살펴보세요. 그리고 자신만의 친구 사귀기 방법을 만들어 보세요. 그러면 자신도 모르게 좋은 친구가 옆에 다가와 있을 거예요.

동화 작가 박신식

등장인물

이재현

난 커서 프로게이머가 될 거야. 그러려면 컴퓨터 게임을 많이 해야 하는데, 당분간 컴퓨터를 사용할 수 없게 되었어.

★ 좋아하는 것 : 컴퓨터 게임, 수학
◆ 싫어하는 것 : 친구 사귀기
♥ 잘하는 것 : 그림 그리기

최여진

난 어렸을 때부터 책을 많이 읽어서 엄청 똑똑해. 속담이나 고사성어, 어려운 말도 아주 많이 알아. 모르는 게 있으면 나한테 물어봐.

★ 좋아하는 것 : 공부
◆ 싫어하는 것 : 청소
♥ 잘하는 것 : 발표

김민수

내 꿈은 국가대표 축구 선수! 나는 달리기는 물론 못하는 운동이 없어.

★ 좋아하는 것: 축구, 야구

♦ 싫어하는 것: 시험

♥ 잘하는 것: 달리기

박영우

나는 어떤 물건이든 잃어버리지 않게 이름표를 꼭 붙여 놓지. 그래서 별명이 '인간 스티커'야.

★ 좋아하는 것 : 달리기

♦ 싫어하는 것 : 채소

♥ 잘하는 것 : 정리정돈

강선미

나는 동시 쓰는 걸 좋아해. 하지만 친구들 앞에서 발표만 하려고 하면 다리가 후들후들 떨려.

★ 좋아하는 것 : 독서

♦ 싫어하는 것 : 벌레

♥ 잘하는 것 : 글쓰기

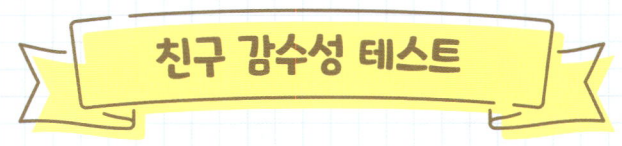
친구 감수성 테스트

나의 친구 감수성은 몇 점이나 될까요? 각 질문에 대해 동의하는 정도에 따라 점수를 매겨 보세요. 매우 그렇다고 생각하면 5점, 전혀 그렇지 않다고 1점을 매기면 됩니다. 한번 체크해 볼까요?

번호	설문 내용	5	4	3	2	1
1	나는 나 자신을 사랑한다.					
2	나는 늘 웃는 얼굴로 생활한다.					
3	나는 옷을 스스로 골라 입으며 나의 외모를 꾸밀 수 있다.					
4	나는 어떤 일이든 할 수 있다는 자신감을 느끼고 한다.					
5	나는 내가 가진 재주를 잘 알고 있고 그 재주를 높이기 위해 노력한다.					
6	나는 컴퓨터나 텔레비전 보는 것보다 친구들과 어울리는 것을 좋아한다.					
7	나는 학년이 바뀌면 일주일 안에 우리 반 친구들의 이름을 모두 외운다.					
8	나는 사귀고 싶은 친구가 있을 때 먼저 말을 건다.					
9	나는 처음 친구를 만날 때 생김새, 키 등의 겉모습에 신경 쓰지 않는다.					

번호	설문 내용	5	4	3	2	1
10	나는 친하지 않은 친구를 만나더라도 먼저 인사를 한다.					
11	나는 친구와 다투었을 때 내가 먼저 사과한다.					
12	나는 친구가 잘한 일이 있으면 칭찬을 많이 해 준다.					
13	나는 친한 친구 사이라도 함부로 대하지 않고 예의를 지킨다.					
14	나는 친구의 도움을 받은 뒤에는 말이나 글로 고마움을 표현한다.					
15	나는 친한 친구에 대해 많은 것을 알고 있다.					
16	나는 친한 친구에게 많은 것을 솔직하게 말한다.					
17	나는 도움이 필요한 친구가 있다면 친하지 않더라도 잘 도와준다.					
18	나는 친구들의 생일을 잘 챙겨 준다.					
19	나는 친구와 한 약속은 꼭 지킨다.					
20	나는 친한 친구의 부탁도 내 뜻과 다르다면 거절한다.					
	합계					

* 상(100~80) : 친구 감수성이 매우 높아요. 앞으로도 꾸준히 친구 관계에 관심을 두고 우수한 친구 감수성을 유지하세요.
* 중(79~60) : 나름 친구 감수성이 안정적이에요. 하지만 조금 더 친구 사귀기에 관심을 가지면 좋겠어요.
* 하(59~0) : 친구 감수성이 낮은 편이에요. 어떤 부분이 부족한지 알아보고 친구에 대한 나의 모습을 조금씩 바꿔 보세요.

차례

작가의 말 · 4
등장인물 · 6
친구 감수성 테스트 · 8

1장 빼앗긴 컴퓨터 · 13
톡톡, 고민 있어요! 친구 사귀기가 너무 힘들어요 · 24

2장 내 별명은 땡이 · 27
톡톡, 고민 있어요! 인기 많은 친구가 부러워요 · 38

3장 나랑 친구 할래? · 41
톡톡, 고민 있어요! 친구와 다퉜어요 · 54

4장 달리기 챔피언 · 57
톡톡, 고민 있어요! 칭찬을 들으면 쑥스러워요 · 68

5장 몰래 붙인 이름표 · 71
톡톡, 고민 있어요! 친구 사이에도 조건이 필요한가요? · 80

6장 곰돌이 카드 · 83
톡톡, 고민 있어요! 친구를 도와주고 싶어요 · 94

7장 1004 · 97
톡톡, 고민 있어요! 친구가 많았으면 좋겠어요 · 110

빼앗긴 컴퓨터

"다타다타닥닥! 다타다타닥닥!"

재현이는 컴퓨터 화면을 쳐다보며 키보드를 요란하게 두드렸다.

게임에 푹 빠져 있던 재현이는 방문이 열리는 것을 알지 못했다. 갑자기 등 뒤에서 천둥 치는 듯한 엄마 목소리가 들렸다.

"재현아, 게임 그만하고 밥 먹으라고 아까부터 말했지! 도대체 몇 번을 말해야 알아듣겠니?"

재현이가 깜짝 놀라 뒤돌아보았다. 재현이는 재빨리 컴퓨터 화면 창을 닫고 미꾸라지처럼 방을 빠져나갔다.

재현이는 밥상 앞에 앉아 허겁지겁 밥을 먹기 시작했다. 그리고 곁눈질로 힐끔 컴퓨터가 있는 방을 쳐다보았다. 엄마가 컴퓨터 앞에 앉아 뭔가를 하고 있었다.

'엄마가 하고 싶으니까 괜히 나한테…….'

재현이는 엄마를 향해 혀를 쏙 내밀었다.

잠시 후 엄마가 방에서 나왔다.

재현이는 반찬엔 눈길도 안 주고 밥만 떠서 급하게 먹었다.

"재현아, 누가 쫓아오니? 천천히 먹어라."

재현이는 엄마 말에 아랑곳하지 않고 꾸역꾸역 밥만 먹었다. 순식간에 밥그릇을 비우더니 물도 벌컥벌컥 마셨다.

재현이는 입술에 묻은 물기를 손등으로 급하게 닦으며 말했다.

"밥 다 먹었으니 방에 들어가도 되지요?"

재현이가 자리에서 벌떡 일어섰다.

"너 컴퓨터 게임 하려고 그러지? 잠깐 거기 앉아 봐."

엄마가 재현이를 붙잡았다. 재현이는 떨떠름한 표정을 지으며 자리에 앉았다.

"당분간 컴퓨터 사용 금지야. 알았지?"

엄마가 밥을 오물오물 먹으며 낮은 목소리로 말했다. 재현이의 눈이 휘둥그레졌다.

"예? 엄마가 숙제 다 하고 책도 읽고, 공부도 열심히 하면 컴퓨터 게임 얼마든지 해도 좋다고 했잖아요?"

"그랬지. 근데 엄마랑 약속한 게 있잖니? 컴퓨터 게임은 하루에 20분만 하기로. 그리고 가족 식사할 때는 컴퓨터 게임 하다가도 바로 오기로! 그런데 벌써 몇 번이나 약속을 어겼지?"

"쳇, 그럼 앞으로 뭐 해요?"

"친구들하고 놀면 되잖아."

"컴퓨터가 가장 친한 친군데……."

"뭐? 컴퓨터가 친구라고? 컴퓨터가 사람이니?"

"사람은 아니지만 컴퓨터 게임을 하면 제 마음이 풀리니까……."

엄마가 어이없다는 듯 고개를 설레설레 저었다.

"재현아, 컴퓨터는 친구가 아니란다."

"그럼 컴퓨터 게임을 하는 것도 공부라고 생각하면 되잖아요. 전 나중에 커서 프로게이머가 될 거니까요."

"프로게이머? 말이나 못하면! 어쨌든 앞으로 컴퓨터 게임은 안 돼."

엄마가 밥을 먹다 말고 딱 부러지게 말했다. 재현이는 더 이상 대꾸하지 않고 방에 들어갔다.

재현이는 엄마 눈치를 보며 방문을 살며시 닫았다. 그리고 컴퓨터의 전원 버튼을 눌렀다.

모니터 화면이 밝아졌다가 까맣게 변했다. 재현이가 마우스를 잡았다. 그런데 모니터 화면에 하얀 작은 창이 떴다. 비밀번호를 묻는 창이었다.

"어…… 이게 뭐지?"

재현이는 어쩔 줄 몰라 머뭇거리다 방문을 열고 엄마를 쳐다보았다. 엄마는 아무 일 없다는 듯 밥을 먹고 있었다.

재현이가 씩씩거리며 거실로 나갔다. 그러자 엄마가 고개를 휙 돌려 재현이를 쳐다보았다.

"엄마가 당분간 컴퓨터 게임은 못 한다고 했지?"

재현이가 묻기 전에 엄마가 먼저 말을 꺼냈다.

"게임만 하는 건 아니잖아요. 그리고 아빠도 쓸 거잖아요."

"아빠한테만 비밀번호 알려 주면 되지. 그리고 내가 보기에는 넌 게임만 하던데, 뭘."

"쳇."

재현이가 입을 삐죽 내밀었다.

"앞으로는 '컴퓨터 친구' 대신 다른 친구들하고 놀아라. 알았지?"

재현이는 엄마의 말이 끝나기도 전에 문을 쾅 닫고 들어갔다.

0104, 1110, 7455…….

재현이는 비밀번호 창에 여러 가지 숫자를 넣어 보았다. 집 전화번호, 엄마와 아빠의 생일, 자기 생일, 엄마와 아빠의 휴대 전화 번호 등을 넣어 보았지만 계속 틀렸다는 메시지만 떴다. 재현이는 공연히 심술이 나서 키보드를 거칠게 두드렸다.

재현이는 다시 거실로 나가 텔레비전을 켜고 소리를 높였다. 그러자 엄마가 텔레비전 가까이 다가가 전원을 껐다. 그리고 아예 전원 플러그를 뽑아 버렸다.

"텔레비전 보는 것도 안 돼."

엄마의 말에 재현이는 어이가 없다는 듯 눈을 치켜뜨며 엄마를 바라보았다.

"당분간 컴퓨터, 텔레비전 다 금지야."

"알았어요. 그럼, 저도 앞으로 숙제도 안 하고 책도 안 읽고 공부도 열심히 안 할 거예요."

이번엔 엄마가 어이가 없다는 듯 재현이를 바라보았다.

"네 맘대로 해라."

엄마가 차가운 목소리로 대꾸했다.

"이제부터 밥도 안 먹을 거예요."

"그래라. 너 살도 빠지고 쌀값도 줄고 좋겠네. 뭐."

엄마가 쌀쌀맞게 맞장구를 치자 재현이가 토라진 듯 입을 삐죽거렸다.

둘 다 잠시 동안 말이 없었다.

답답했던 재현이가 먼저 말을 꺼냈다. 잔뜩 풀 죽은 목소리로.

"언제까지 금지예요?"

엄마는 재현이와 달리 아주 밝은 목소리로 대답했다.

"네가 집에 친구들을 데리고 올 때까지."

"친구들을 데리고 올 때까지라고요?"

재현이는 무슨 말인지 잘 모르겠다는 듯 고개를 갸웃거렸다.

"다음 달, 네 생일에 친구들을 다섯 명 이상 데려와. 그러면 그때 비밀번호 가르쳐 줄게."

엄마의 말에 재현이는 아무 대꾸도 하지 않았다. 재현이는 힘이 빠진 듯 어깨를 축 늘어뜨린 채 방에 들어갔다.

재현이는 자기도 모르게 컴퓨터 앞에 앉아 키보드에 손을 올리고 모니터를 바라보았다. 재현이는 비밀번호 입력 창에 여러 숫자를 집어넣어 보았다. 하지만 아무리 해도 닫힌 화면은 열리지 않았다.

재현이는 이맛살을 잔뜩 찌푸리다가 침대에 털썩 누웠다.

'생일에 친구를 데려오라니……. 누구를 데려오지?'

재현이는 같은 반 아이들의 얼굴을 하나씩 떠올려 보았다. 하지만 생일에 초대할 만한 친구가 떠오르지 않았다. 아니, 초대하고 싶은 친구가 없었다. 심지어 우리 친구 하자고 먼저 말을 건넬 만한 아이도 떠오르지 않았다.

얼마 전, 단짝 하준이가 전학을 가서 반에 친한 친구가 하나도 없다. 재현이는 벽에 걸린 달력을 쳐다보다가 한 장 넘겼다. 생일에 빨간 동그라미가 그려져 있었다.

"어유."

재현이는 가슴이 꽉 막혀 답답했는지 한숨을 길게 내쉬고, 침대에서 굴렀다.

친구 감수성을 기르는 방법

기념일 달력 만들기

친구의 이름과 생일, 연락처, 기념일 등을 알아 두세요. 이런 내용을 칸이 넓은 달력에 기록한 후 눈에 띄는 곳에 걸어 두세요. 그리고 달력의 기록을 보며 특별한 날에는 전화를 걸거나 문자를 보내세요. 예를 들어 전학 가서 예전처럼 자주 볼 수 없는 친구에게 연락하면 더 좋겠지요? 지난 달력의 기록은 작은 수첩에 따로 적어 두면 다음해에도 유용하게 쓸 수 있답니다.

친구 사귀기가 너무 힘들어요

　재현이처럼 새 학년이 될 때마다 친구 사귀기가 힘들다고 생각한 적이 있나요? 다른 친구들은 다들 빨리 친해지는 것 같은데 말이지요. 아마 새로운 환경과 낯선 친구들 때문에 긴장한 탓일 거예요. 긴장하면, 먼저 말을 걸고 싶어도 말이 잘 안 나오기도 합니다.

　세상에는 외향적인 사람과 내향적인 사람이 있어요. 외향적인 사람은 활발해서 친구에게 먼저 다가가서 말을 걸지만 내향적인 사람은 신중해서 천천히 다가가지요. 누가 더 낫다고 할 수 없어요. 우리는 다 다르고 그 다름을 존중해야 하니까요.

사귀고 싶은 친구가 있으면 먼저 말을 걸어 보세요. 말 걸기가 너무 어렵다면 인사부터 시작하세요. "○○야, 안녕?" 하고 말이에요. 이때 살짝 미소를 지으면 더 좋겠지요? 인사를 건네면 자연스럽게 대화로 이어질 수 있어요. 만약 대화가 이루어지지 않더라도 밝게 인사를 한 경우에는 상대방에게 좋은 인상을 남길 수 있지요.

이렇게 사귀고 싶은 친구가 있으면 먼저 말을 걸고 좋아한다는 표현을 하세요. 그것이 바로 친구를 사귀는 첫걸음입니다. 먼저 손을 내밀고, 먼저 좋아한다는 표현을 하는 것은 자존심이 상하거나 손해 보는 일이 아니라 자기에게 도움이 되는 용기 있는 행동이라는 것을 꼭 기억하세요.

박 쌤의 한마디

"친구가 꼭 필요한가요?"라고 묻는 친구들이 있어요. 서로를 이해하고 속마음을 나눌 수 있는 좋은 친구는 세상을 살아가는 힘이 되지요. 그래서 진정한 친구를 '또 하나의 나'라고 해요. 그러므로 함께 있으면 행복해지는 친구는 살아가는 데 꼭 필요하답니다.

달라도 우리는 친구예요!

우리는 다 다르지요. 생김새가 다르고, 성격이 다르고, 좋아하는 것이 달라요.
우리는 서로 비슷해서 친구가 되기도 하고, 달라서 친구가 되기도 한답니다.

아래 그림에서 뭐가 보이나요? 같은 그림이라도 보는 사람마다 달라요.

'내가 생각하는 친구란?' 어떤지 써 보세요.

▶ 정답은 113쪽에 있습니다.

2장

내 별명은 땡이

　재현이는 학교 수업이 끝나자마자 곧장 집으로 향했다. 초인종을 누르자 엄마가 문을 열어 주었다.
　"왜 이렇게 빨리 왔어? 친구들하고 좀 놀다 오지. 컴퓨터도 못 하고 텔레비전도 못 보는데."
　퉁명스러운 엄마의 목소리에는 가시가 박혀 있었다.
　"다들 학원 가느라 바쁘대요."
　재현이는 입을 뾰로통하게 내밀며 대꾸했다.
　"그럼 이참에 공부도 할 겸 학원에 가 보는 건 어때?"

"전 학원 안 다녀도 공부 잘하는데요."

"공부하는 거 말고 태권도나 미술 같은 걸 배울 수도 있잖아."

"그깟 학원들은 시시해서 안 다녀도 된다니까요."

재현이는 부아가 치밀어 오르는지 끝까지 말대꾸했다. 엄마가 어이없다는 표정을 지었다.

"너 혹시 친한 친구가 없니?"

엄마가 걱정스러운 얼굴로 진지하게 물었다. 그러자 재현이가 입을 꾹 다물었다. 점점 재현이의 얼굴빛이 어두워졌다.

"그러면 왜 친구들하고 안 놀아?"

엄마의 물음에 재현이가 고개를 저었다. 그리고 고개를 숙이는가 싶더니 갑자기 울먹거리기 시작했다.

"치…… 친구가 없단 말이에요."

엄마가 깜짝 놀라며 재현이를 바라보았다.

"친했던 하준이가 전학 가고 없으니까 애들이 절 땡이라고 놀린단 말이에요."

"땡이?"

"뚱땡이의 땡이……."

재현이는 그만 눈물을 뚝뚝 떨어뜨렸다.

"뭐라고? 내가 보기에는 토실토실하고 아주 귀엽기만 한데?"

엄마가 재현이의 머리를 쓰다듬어 주었다.

"그야 엄마니까 그렇지요."

"그렇게 놀리는 친구들이 많아? 너희 반 친구들이 다 그래?"

"그게……."

재현이는 선뜻 대답하지 못했다.

"몇 명뿐일 거야. 그렇지?"

재현이는 엄마의 물음에 고개를 끄덕였다.

"그런데 너는 널 놀리지 않는 친구들도 말만 안 할 뿐 당연히 그렇게 생각할 거라고 너 혼자 생각하는 거지?"

재현이는 손등으로 눈물을 닦고 어떻게 알았냐는 듯 고개를 들어 엄마를 쳐다보았다.

"재현아, 친구도 중요하지만 넌 좀 더 너 자신을 돌볼 필요가 있겠구나. 먼저 자기 자신을 사랑하는 법부터 배워야겠는걸."

엄마가 환하게 웃으며 한쪽 팔로 재현이의 어깨를 감싸안았다.

"자신을 사랑하는 법이라고요?"

"그래. 널 뚱뚱하다고 놀리는 아이들이 너의 인생을 대신 살아 줄 수 있을까?"

재현이는 고개를 저었다.

"나라는 존재는 이 세상에 단 하나뿐이야. 어떤 경우에도 다른 사람이 내가 될 수 없고, 나 또한 다른 사람이 될 수 없어."

재현이가 고개를 연달아 끄덕이자 엄마는 계속 말을 이었다.

"그러니까 내가 부족한 것에만 마음 쓰면서 자신에 대해 불만을 가질 필요가 없어. 그런 불만은 평생 그림자처럼 자기를 따라다니며 괴롭힐 뿐이란다."

"엄마는 나처럼 생각한 적 없어요?"

재현이가 손가락으로 엄마의 허리를 쿡 찌르며 물었다. 그러자 엄마가 피식 웃었다.

"재현아, 엄마도 어렸을 때 너처럼 뚱뚱했단다. 그래서 내 모습에 불만을 가진 적도 있었지. 특히 옷을 입을 때 그랬어. '나에게는 예쁜 옷이 어울리지 않아.'라고 생각하면서 말이야."

"그래서 어떻게 했어요?"

재현이의 눈이 호기심으로 반짝거렸다.

"그런데 어느 순간, 예쁜 옷을 입으면 내 못난 모습도 예뻐지지 않을까 하는 생각이 들더구나. 엄마는 그 생각을 실천에 옮겼어. 나를 예쁘게 꾸미려고 열심히 노력했지. 그러니까 점점 자신감이 생겼단다."

"그래도 전……."

재현이는 자신이 없는지 목소리가 기어들어 갔다.

"친구에게 호감을 주고 싶다면 표정부터 바꿔야 해. 친구와 눈을 맞추고 미소를 짓는 거지. 그리고 깨끗하게 자기 몸을 관리할 줄 알아야 해. 만약 지저분하면 친구들이 다가오기 힘드니까. 엄마가 옆에서 도와줄게. 그러면 다른 아이들도 분명 널 좋아하게 될 거야."

"진짜 그럴까요?"

"당연하지. 누구 아들인데……."

엄마가 재현이의 머리를 쓰다듬어 주었다.

잠시 후, 엄마는 방에 들어갔다가 나왔다. 엄마의 손에는 손거울이 들려 있었다. 엄마가 손거울을 재현이에게 건넸다.

"이건 왜요?"

"미소 거울이야."

"네?"

"옷으로 외모를 가꾸기 전에 얼굴 표정부터 잘 가꾸어야 하거든. 이 거울을 보고 예쁜 미소 연습을 먼저 해 보자. 거울아, 거울아, 이 세상에서 누가 가장 멋있니?"

엄마가 『백설 공주』에 나오는 마녀 흉내를 내듯 가느다란 목소리를 냈다.

"그야 재현이 왕자님이 가장 멋지지요."

이번에는 굵은 목소리로 말하며 거울을 재현이 얼굴에 들이밀었다. 재현이는 거울에 비친 자기 얼굴이 쑥스러운 듯 고개를 돌렸다.

"재현아, 사람은 누구나 웃는 얼굴이 가장 아름다운 법이란다."

엄마는 씩 웃으며 말을 이었다.

"그런데 웃는 것도 연습이 필요해. 너도 거울을 보면서 자꾸 웃는 연습을 해 봐."

엄마는 거울을 놓고 재현이와 마주 앉았다.

"먼저 입을 크게 벌리고 '아~ 에~ 이~ 오~ 우~' 소리를 길게 내 봐."

"아~ 에~ 이~ 오~ 우~."

재현이는 엄마가 시키는 대로 입을 크게 벌리며 소리를 냈다.

"그렇게 얼굴 근육을 푼 다음에는 '김치' 하고 말해. 그 상태로 가만히 있는 거야."

"김치."

재현이는 엄마가 시키는 대로 해 보았다. 재현이의 입이 자연스럽게 벌어지더니 입술 양쪽이 위로 쓱 올라갔다. 입술 사이로 윗니도 드러나서 아주 환하게 웃는 것 같았다.

 엄마가 거울을 들어 재현이 얼굴을 비추어 주었다.

 "거봐. 우리 아들 웃으니까 더 멋진데?"

엄마의 말에 재현이의 얼굴이 발그레해졌다.

재현이는 계속 거울을 보며 '김치' 하고 웃어 보았다. 웃으면 웃을수록 왠지 자신감이 생기는 것 같았다.

친구 감수성을 기르는 방법

여러 친구와 사이좋게 지내기

기회가 될 때마다 다양한 친구들과 어울려 보세요. 다양한 친구를 사귀다 보면 한 가지씩은 꼭 배울 점이 있거든요. 그리고 다양한 배경, 경험을 가진 친구들을 사귀면 관계의 폭도 확장되어 여러분이 성장하는 데 많은 도움이 됩니다. '그 친구는 ○○ 점이 좋아.' 하며 친구의 좋은 점을 찾는 것이 바로 다양한 친구를 사귀는 첫걸음이라는 것을 꼭 기억하세요.

인기 많은 친구가 부러워요

여러분은 자기 자신을 사랑하며 소중하게 여기나요? 어떤 친구들은 외모 때문에 자신을 못났다고 느끼기도 해요. 더 나아가 자기는 쓸모없다고 느끼는 경우도 있지요. 이렇게 자존감(나를 소중하게 여기는 마음)이 낮으면 학교생활에서도 문제가 생겨요. 선생님이나 친구가 나를 좋아하지 않는 것 같으니까 학교생활이 점점 재미없어질 수 있거든요.

자존감이 높은 친구들은 일이 뜻대로 되지 않더라도 '괜찮아, 다음에는 잘

할 수 있어.'라고 긍정적으로 생각해요. 하지만 자존감이 낮은 친구들은 일이 뜻대로 되지 않으면 자신을 과소평가 하지요. 자신을 과소평가하면 친구 관계에도 소극적일 수 있어요. 자존감이 높은 친구에게 선뜻 다가가지 못하게 되거든요.

지금부터라도 자신을 믿고, 있는 그대로 많이 사랑해 주세요. 자기 자신을 사랑하는 사람이 다른 사람도 사랑할 수 있습니다. 자신을 사랑하는 것이 바로 친구 사귀기의 바탕이 되는 이유이지요.

지금부터라도 '난 나를 사랑해!' 하고 말하며 자기 자신을 끊임없이 사랑하고 소중하게 여기세요. 그러면 여러분을 사랑해 주는 좋은 친구가 반드시 생길 테니까요.

박 쌤의 한마디

자신감을 가지고 어깨를 펴고 다른 사람 앞에 서세요. 그리고 무슨 일이든 당당하게 하세요. 스스로 자신감 있는 모습을 보이며 적극적으로 행동하면 무슨 일이든 잘 이루어질 거예요. 친구들은 자신감 있는 친구를 더 좋아한다는 사실을 꼭 기억하세요.

나에 대해 알아봐요!

좋은 친구를 사귀려면 내가 좋은 친구가 되어야 해요. 나는 어떤 사람인지 한번 적어 보세요.

나랑 친구 할래?

　번호표를 뽑아 짝꿍을 바꾸는 날, 재현이는 새로운 짝꿍과 앉게 되었다.

　"짝꿍이 바뀌었으니, 짝꿍과 마주 보고 서로 이름을 부르며 인사해 보세요. 그리고 사이좋게 지내자고 말해 보세요."

　선생님이 말했지만, 재현이는 짝꿍의 얼굴을 똑바로 바라보지 못하고 머뭇거렸다. 짝꿍의 이름을 잘 몰랐기 때문이었다.

　"재현아, 안녕? 난 최여진이라고 해. 앞으로 사이좋게 지내자."

　여진이가 싱글벙글 웃으며 먼저 손을 내밀었다.

"어떻게 내 이름을……."

재현이가 중얼거리듯 물었다.

"네 공책하고 책에 쓰여 있던데? 이재현이라고."

"그랬구나."

재현이는 여진이가 이름을 불러 주자 기분이 좋았다.

"그래, 앞으로 친하게 지내자. 여진아."

재현이는 용기를 내서 여진이가 내민 손을 잡았다. 둘은 손을 흔들며 나란히 웃었다.

"오늘은 새로운 짝꿍의 얼굴을 그려 보겠어요. 짝꿍의 얼굴을 꼼꼼하게 살펴보고 특징을 살려 예쁘게 그려 주세요."

선생님의 말이 끝나자, 재현이와 여진이는 서로 얼굴을 바라보았다.

"킥킥킥."

"히히히."

둘은 눈이 마주치자마자 키득키득 웃음부터 쏟아냈다.

재현이는 여진이의 얼굴을 그리기 시작했다. 세모를 거꾸로 뒤집어 놓은 얼굴에 큰 눈 그리고 작은 코와 작은 입을 그렸다.

여진이도 재현이를 그리기 시작했다. 동그란 얼굴에 동그랗고 작은

눈을 그린 다음 커다란 콧구멍도 동글동글 그렸다.

"그림이 다 되었으면 서로 바꾸어 보세요."

선생님의 말에 재현이와 여진이는 서로 그림을 바꾸었다. 순간 둘은 약속이라도 한 듯 두 눈을 휘둥그레 뜬 채 서로를 바라보았다.

"이게 나야? 꼭 돼지 같잖아?"

재현이가 먼저 여진이가 그려 준 그림을 보며 얼굴을 찌푸렸다.

"그럼 이건 뭐니? 내 얼굴하고 완전히 다르잖아? 그래도 내가 더 비슷하게 잘 그렸다, 뭐."

여진이도 재현이가 그려 놓은 그림을 보고 떫은 감을 씹은 표정을 지었다.

"뭐? 너는 키도 작고 얼굴도 작아서 별명이 쥐방울이잖아. 그래서 이렇게 쥐처럼 그렸다. 어쩔래?"

"뭐라고? 이 뚱땡이가."

"이 쥐방울만 한 게……."

여진이는 쥐방울이라는 소리에 얼굴이 붉으락푸르락 변했다. 화가 난 여진이가 갑자기 재현이의 크레파스를 툭 밀어서 책상 아래로 떨어뜨렸다.

그러자 재현이도 여진이의 크레파스를 세게 밀어 버렸다. 여진이의 크레파스가 교실 바닥에 떨어지며 여기저기 흩어지고 부러졌다.

"으아앙!"

여진이는 부러진 크레파스를 보고 그만 소리 내 울고 말았다. 선생님이 재빨리 다가왔다.

"무슨 일이니?"

선생님이 묻자, 재현이도 대답 대신 콧물을 훌쩍였다.

"도대체 왜 우는 거니? 둘이 무슨 일로 다툰 거야?"

선생님이 물어도 재현이와 여진이는 아무 말도 하지 않았다. 그리고 계속 울기만 했다.

"친한 친구 사이라고 해도 가끔은 다툴 때가 있어. 하지만 화를 빨리 풀고 먼저 사과하는 친구가 정말 용기 있고 예의 바른 친구란다."

선생님의 말에 재현이와 여진이는 고개를 푹 숙인 채 아무 말도 하지 못했다.

다행히 선생님은 더 이상 야단치지 않았다. 하지만 재현이와 여진이는 울음을 그친 뒤에도 서로 아무 말도 하지 않았다.

쉬는 시간, 여진이가 재현이를 슬쩍 쳐다보았다.

"재현아……, 크레파스를 떨어뜨려서 미안…… 해!"

여진이가 작은 목소리로 말했다. 하지만 재현이는 금방이라도 소나기가 내릴 것만 같은 어두운 얼굴을 한 채 아무 대꾸도 하지 않았다.

"사과도 안 받아 주고, 속 좁은 땡이……."

자존심이 상한 여진이는 혼잣말처럼 중얼거렸다. 그래도 재현이는 고개를 숙인 채 아무 대꾸도 하지 않았다.

재현이는 집에 돌아와 학교에서 일어난 일을 떠올려 보았다.

'사과를 받아 주고 화해할걸.'

재현이는 가슴속에 커다란 돌덩이가 들어앉은 듯 마음이 편하지 않았다.

다음 날, 재현이가 학교에 가는데 엄마가 우산을 챙겨 주었다.

"우산은 왜요? 날씨 맑은데……."

"응. 점심때 비가 온다는구나. 가져가 보렴."

재현이는 엄마의 말에 접는 우산을 가방에 넣고 학교에 갔다.

마지막 수업 시간이 되자 갑자기 하늘이 캄캄해지기 시작했다. 그리고 쏴 소리를 내면서 비가 쏟아졌다.

집에 갈 때가 되자 교문 앞은 우산을 든 채 아이들을 기다리는 부모님들로 가득 찼다. 하지만 여진이의 부모님은 오지 않았다. 두 분 다 직장에 나가기 때문이다.

아이들은 마중 나온 부모님과 짝을 이루어 하나둘 집으로 돌아가기 시작했다. 교문 앞은 금세 색색의 우산으로 가득했다.

여진이는 집에 가지 못하고 발을 동동 구르며 하늘만 쳐다보고 있었다. 그때 재현이가 여진이의 팔을 쿡 찔렀다.

"왜?"

여진이가 귀찮다는 듯 물었다. 재현이는 말없이 가방 속에서 노란 우산을 꺼내 펼쳤다.

"오늘 비가 온다고 엄마가 가져가라고 했거든. 같이 쓰고 가자. 집까지 바래다 줄게."

재현이가 환하게 웃으며 여진이의 팔을 끌어당겼다. 여진이는 아무 말도 하지 않고 우산 속으로 들어왔다.

재현이와 여진이는 함께 우산을 쓰고 교문을 나섰다.

"어제는 미안했어. 네가 어제 사과했을 때 나도 사과했어야 하는데. 정말 미안해."

재현이의 말에 여진이가 배시시 웃었다.

비가 더 세차게 내리자 재현이가 우산을 여진이 쪽으로 기울였다. 그 바람에 재현이의 한쪽 팔이 비에 촉촉하게 젖었다.

"우리 둘이 쓰기에는 우산이 좀 작은 것 같다. 그렇지?"

여진이는 재현이 어깨가 젖지 않도록 우산을 재현이 쪽으로 밀며 말했다.

"괜찮아. 내가 뚱뚱해서 그런 걸 뭐."

재현이가 웃으며 말했다.

"그래도 내가 작으니까 그나마 다행이야. 안 그래?"

여진이가 대꾸했다.

"맞다. 둘 다 뚱뚱했으면……. 히히."

재현이가 엉뚱한 상상을 하며 실실 웃었다.

"재현아, 내가 널 처음 봤을 때 어떤 생각이 들었는지 아니?"

여진이의 말에 재현이가 궁금하다는 듯 눈을 크게 떴다.

"처음에는 뚱뚱하니까 무뚝뚝하고 게으르고 고집이 셀 거로 생각했어. 그런데 지금은 생각이 바뀌었어. 네가 부지런하고 마음도 여리다는 걸 알았거든. 그리고 듬직해."

여진이의 말에 재현이가 눈을 휘둥그레 떴다. 어느새 재현이의 입가에 미소가 걸렸다.

"고마워, 방울아."

"방울?"

"그래. 쥐방울의 방울 말이야."

"뭐?"

여진이가 두 눈을 부릅뜨고 재현이를 싸늘하게 쏘아보았다. 재현이는 예상했다는 듯 씩 웃기만 했다. 잠시 서로 아무 말이 없었다.

"나랑 친구 할래?"

재현이는 자기도 모르게 물었다. 재현이의 가슴이 콩닥거렸다.

"좋아, 친구 하자."

여진이가 망설임 없이 곧바로 대답했다. 둘은 누가 먼저랄 것도 없이 서로 바라보며 웃기 시작했다.

"하하하!"

노란 우산 아래에서 웃음소리가 끊임없이 울려퍼졌다. 빗방울이 톡톡 우산을 두드리며 둘의 웃음 사이에 끼어들었다.

친구 감수성을 기르는 방법

잘못했다면 먼저 사과하기

친구와 다투었을 때는 친구의 입장에서 이해하는 마음을 가지고 먼저 사과하는 것이 좋아요. 화가 났을 때는 편하게 앉아서 심호흡하거나, 주먹을 꽉 쥐고 펴는 것을 반복하면서 화를 풀도록 노력하세요. 만약 내가 잘못했다면 되도록 빨리 잘못을 인정하고 사과하며 용서를 구하세요. 말로 하기 쑥스러울 때는 쪽지나 편지로 사과하는 것도 좋은 방법이지요.

친구와 다퉜어요

　재현이는 짝꿍과 다툰 후, 자기가 잘못한 걸 알면서도 선뜻 사과를 하지 못했어요. 하지만 비 오는 날 우산을 함께 쓰며 사과를 했지요. 이렇게 친구에게 상처를 주었다면 먼저 사과를 하는 게 좋아요.

　그런데 나와 친구 사이에 다툼이 일어났을 때 잠깐 내가 소외될 수 있어요. 이럴 때에는 친구에 대해 다시 한번 생각해 볼 기회가 생겼다고 생각하세요. 그리고 내가 잘못했다면 먼저 사과하고, 친구가 잘못했다면 처음 한 번은 용서

해 주세요. 그러면 더 친해질 수 있지요.

하지만 사과를 해도 받아 주지 않는 경우도 있어요. 그때는 친구가 마음을 돌릴 때까지 기다려야 해요. 혹시 친구의 마음이 이미 떠났다면 친하게 지내려 애쓰는 것이 더 나쁜 결과로 이어질 수 있기 때문에 아픔을 받아들이고 다른 친구를 사귀는 것이 좋답니다.

또, 친구가 밀치고 때리거나 놀리는 행동을 하여 다툼이 일어날 수도 있어요. 이럴 때에는 같이 싸우기보다는 부모님이나 선생님께 이야기해서 도움을 청하세요. 친구와 부딪치지 않게 잠시 멀리 떨어져 지내는 것도 좋은 방법입니다.

이렇게 친구와의 갈등을 건강하게 해결하는 방법을 잘 알고 있으면 좋은 친구 관계를 유지하는 데 도움이 된답니다.

박 쌤의 한마디

여러분은 친구를 처음 만날 때 어떤 생각을 하게 되나요? 혹 겉모습만으로 섣불리 판단하지는 않나요? 친구의 겉모습만 보고 친구의 됨됨이를 판단하지 마세요. 그리고 겉모습이 마음에 들지 않는다고 처음부터 밀어내지 마세요. 친구를 사귀는 데에는 겉모습이 아니라 마음의 모습이 중요하니까요.

가로세로 낱말 퍼즐

가로세로 길잡이 글을 잘 읽고 낱말 퍼즐을 완성해 보세요.

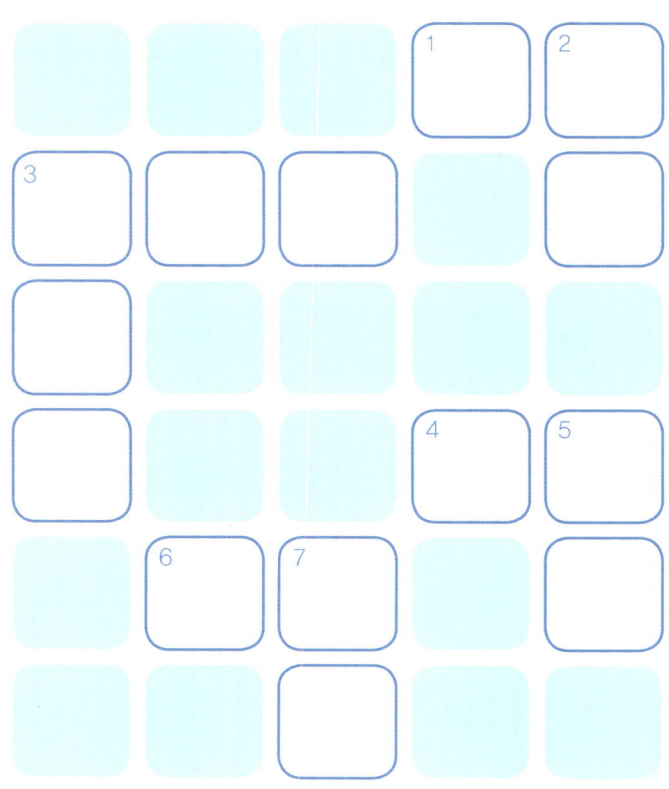

가로 길잡이 →

1 친하게 어울리는 사람.
3 자신이 있다는 느낌. 땐 좌절감
4 학생에게 교육을 실시하는 기관.
6 이야기를 간결하고 익살스럽게 그린 그림.

세로 길잡이 ↓

2 고기나 생선에 양념을 하여 구운 음식. 생선 ○○.
3 사람이 타고 앉아 두 다리의 힘으로 바퀴를 돌리는 탈것.
5 유치원, 초등학교, 중·고등학교에서 학습 활동이 이루어지는 방.
7 다투거나 화난 나쁜 관계를 서로 푸는 것. 이제 그만 싸우고 ○○해요.

▶ 정답은 113쪽에 있습니다.

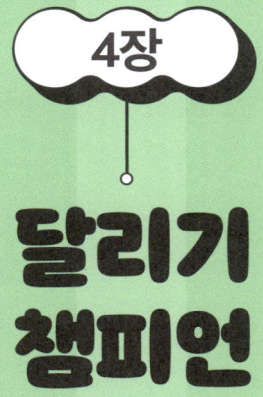

4장
달리기 챔피언

친구들 앞에서 자기소개를 하는 시간이었다.

"전 달리기를 잘합니다. 우리 반에서 제일 잘 달리고, 학년에서도 잘 달리는 편입니다. 기회가 된다면, 나중에는 학교 대표로 육상 대회에 나가고 싶습니다. 앞으로는 저를 달리기 챔피언이라고 불러 주세요."

민수가 친구들 앞에서 자신 있는 목소리로 말했다. 친구들이 박수를 크게 쳐 주었다.

"잘난 체하기는……."

재현이는 민수가 마음에 들지 않아 입을 삐죽거리며 말했다.

"잘난 체하는 게 아니라 민수는 정말 빨라."

"나도 달리기 잘하는데……."

여진이의 말에 재현이 뒤에 앉아 있던 영우가 중얼거렸다. 민수가 그 소리를 듣고 코웃음을 쳤다.

"그럼, 우리 시합 한번 해 볼까? 점심시간에 어때?"

민수의 말에 영우가 입술을 굳게 다물며 고개를 끄덕였다.

점심을 먹고 아이들이 운동장에 모였다. 여진이가 민수와 영우를 나란히 세웠다.

"저기 운동장 끝에 있는 큰 나무에 손을 먼저 짚는 사람이 이기는 거야. 알았지?"

민수와 영우는 고개를 끄덕이고 주먹을 꽉 쥐며 달릴 준비를 했다.

"준비, 땅!"

여진이의 신호에 민수와 영우는 쏜살같이 달리기 시작했다.

"와!"

주위의 아이들은 자기도 모르게 함성을 질렀다. 점점 민수가 조금씩 앞서기 시작했다. 결국 민수가 영우보다 두어 걸음 앞서 나무에 손을 짚었다.

"야! 민수가 이겼다. 내가 뭐랬니? 민수가 이긴다고 했지?"

"영우도 잘 달리던데?"

아이들은 영우와 민수가 있는 곳으로 우르르 달려갔다.

"민수야, 네가 이겼다."

영우가 숨을 헐떡이며 민수에게 손을 내밀었다. 민수는 영우의 손을 잡아 주었다.

재현이는 친구들에게 빙 둘러싸인 민수가 부러웠다.

"달리기만 잘하면 뭐 하냐? 수학을 못해서 매일 나머지 공부하잖아."

"그래도 민수는 달리기를 더 잘하려고 매일 아침 운동장을 다섯 바퀴씩 돈대. 우리 엄마가 그러는데 자기가 좋아하는 일을 열심히 하는 사람이 나중에 성공한대."

여진이의 말에 재현이는 대꾸도 못 하고 입만 뾰로통 내밀었다.

오후 수업이 시작되었다.

"이번 시간에는 여러분의 손이나 발에 물감을 묻혀 도장을 찍어 보겠어요. 그리고 그 아래에 자기 이름과 꿈을 쓰고 친구들과 비교해 보세요."

선생님 말이 끝나자, 재현이네 모둠은 커다란 도화지 주위에 앉아 색색의 물감을 손바닥에 칠하며 손도장을 찍기 시작했다.

그런데 갑자기 민수가 양말을 벗었다.

"민수야, 양말은 왜 벗어?"

민수의 짝꿍인 선미가 물었다.

"난 내 몸 중에서 발이 가장 좋아! 그래서 난 발도장을 찍을 거야!"

"다들 손도장인데 너만 발을 찍으면 이상하지 않을까?"

재현이가 고개를 갸웃거렸다.

"뭐 어때! 민수는 손보다 발이 더 자랑스러운 건데. 나는 괜찮아."

선미가 민수의 의견을 존중해 주며 다정하게 말했다. 그러자 다른 아이들도 고개를 끄덕였다.

민수는 붓에 파란 물감을 묻혀 발바닥에 칠했다. 간지러운 듯 발을 꼼지락거렸다.

민수는 도화지를 발로 밟으며 힘을 주었다. 발을 떼어 내자 도화지에는 파란 발도장이 찍혔다. 민수는 발도장 밑에 자기 이름과 '달리기 챔피언'이라고 썼다.

"야, 왕 발바닥이다!"

"어디, 어디?"

아이들은 민수의 발도장 위에 자기 발을 올려놓으며 비교해 보았다.

"이렇게 발이 크니까 달리기를 잘하는구나?"

민수는 '왕 발바닥'이라는 말이 싫지 않았다.

다음 날 아침, 수업이 시작되어도 민수가 학교에 오지 않았다. 그런데 첫째 시간이 끝날 무렵 민수가 목발을 짚고 교실에 들어왔다.

다들 민수의 모습을 보고 눈이 휘둥그레졌다.

"민수야, 이게 어떻게 된 거니?"

선생님이 깜짝 놀라며 물었다.

"어제 오후에 인라인스케이트를 타다 넘어졌는데, 인대가 많이 늘어났대요."

"저런, 조심하지 않고."

민수가 자리에 앉자, 수업이 계속되었다.

쉬는 시간이 되자, 아이들이 민수 주위에 우르르 몰려갔다.

"아프지는 않니?"

"약은 먹었니?"

"주사는 몇 대나 맞았니?"

아이들은 민수에게 이것저것 꼬치꼬치 물었다.

둘째 시간 시작을 알리는 음악이 흐르자, 선생님은 아이들을 일으켜 세웠다.

"내일모레 학년별 육상 대회가 열리는 거 알죠?"

"예!"

"그래서 이번 시간에는 우리 반 대표 선수를 뽑을 거예요."

"우아!"

아이들은 함성을 지르며 선생님을 따라 운동장에 나갔다. 민수는 시무뚝한 표정으로 아이들이 뛰는 것을 바라보았다. 달리기 시합 결과 남녀 반 대표로 영우와 선미가 뽑혔다.

'영우보다 내가 백배 천배 더 빠른데…….'

민수는 아쉬운 표정을 지었다.

"영우와 선미는 좋겠다. 달리기를 잘해서 우리 반 대표로 뽑혔으니까……."

재현이가 부러운 듯 중얼거렸다.

"넌 만화를 잘 그리잖아?"

"내가?"

여진이의 말에 재현이가 눈을 크게 떴다.

"응. 지난번에, 공책에 그린 거 보니까 잘 그렸더라. 앞으로 만화가가 될 거니?"

재현이는 여진이의 칭찬에 부끄러워서 귓불까지 빨개졌다.

"그런 건 아니지만……."

재현이는 뒷머리를 긁적이며 말을 맺지 못했다.

"영우야, 축하해!"

민수가 목발을 짚고 영우에게 다가가 손을 내밀었다.

"민수야, 나도 알고 있어. 네가 우리 반에서 제일 잘 달려. 하지만 나도 부지런히 연습할 거야. 빨리 나아서 다시 한번 시합하자."

"좋아."

민수와 영우는 씩씩하게 손을 맞잡았다.

친구 감수성을 기르는 방법

친구의 장점을 찾아보기

곁에 있는 친구의 장점은 무엇일까요? 책임감이 강한 친구도 있고, 남을 생각하는 마음이 깊은 친구도 있고, 준비성이 철저한 친구도 있어요. 친구를 잘 관찰하고 친구의 장점이 무엇인지 한번 찾아보세요. 그리고 숨은 보석처럼 빛나는 친구의 장점을 찾았다면 아낌없이 칭찬해 주세요.

칭찬을 들으면 쑥스러워요

어른, 아이 할 것 없이 칭찬을 받으면 기분이 좋아져요. 예를 들어, "먼저 도와주겠다고 말해 줘서 고마워. 넌 정말 친절하구나!", "너는 축구를 정말 잘하는 것 같아."라는 말을 들으면 귀가 입에 걸리고, 하루 종일 그 말만 생각나지요. 그런데 칭찬을 받으면 쑥스러워하는 친구들도 있어요. 부끄러움이 아주 많아서 그렇지요.

재현이는 여진이가 그림을 잘 그린다며 칭찬하자 얼굴이 빨개졌어요. 그런데 여진이 덕분에 자기가 그림을 잘 그린다는 걸 알게 돼요. 이처럼 칭찬을 받으면 기분이 좋아질 뿐만 아니라 재능도 발견할 수 있어요.

　재현이의 경우처럼 칭찬은 자기가 잘 몰랐던 재주를 찾아 주는 힘이 있어요. 다른 사람에게 칭찬받았던 재주가 있다면 더욱 똑소리 나게 잘할 수 있도록 매일 꾸준히 연습하세요. 자신이 가진 재주의 능력이 늘어날수록 더 많은 친구의 관심과 칭찬을 받게 될 테니까요.

　친구 사이에 칭찬은 아낌없이 하세요. 칭찬을 받는 사람은 자신이 인정받고 있다는 느낌을 받게 되며, 칭찬을 하는 사람도 긍정적인 기분을 느끼기 때문이지요. 그래서 칭찬은 친구 사이를 끈끈하게 이어 주는 중요한 요소랍니다. 그리고 친구를 칭찬하는 것도 중요하지만 자신을 칭찬하는 일도 잊지 마세요.

박 쌤의 한마디

칭찬은 귀로 먹는 보약이에요. "넌 정말 잘하는구나!", "넌 정말 착하구나!" 하는 식의 애매모호한 칭찬보다는 "네가 어른들에게 인사를 잘하는 것이 정말 보기 좋아.", "너처럼 어려운 일에 앞장서는 게 얼마나 멋진 일인지 아니?" 하며 친구의 행동을 구체적으로 말해 주며 칭찬하는 게 좋아요. 칭찬의 말에 환한 웃음과 엄지손가락을 치켜올리는 손짓을 더하면 더욱 좋습니다.

친구 사귀기

재현이가 사다리 위에 친구에게 하고 싶은 말을 적어 놓았어요. 재현이가 무슨 말을 적었는지 사다리를 타고 내려가 보고, 어떤 낱말인지를 써 주세요.

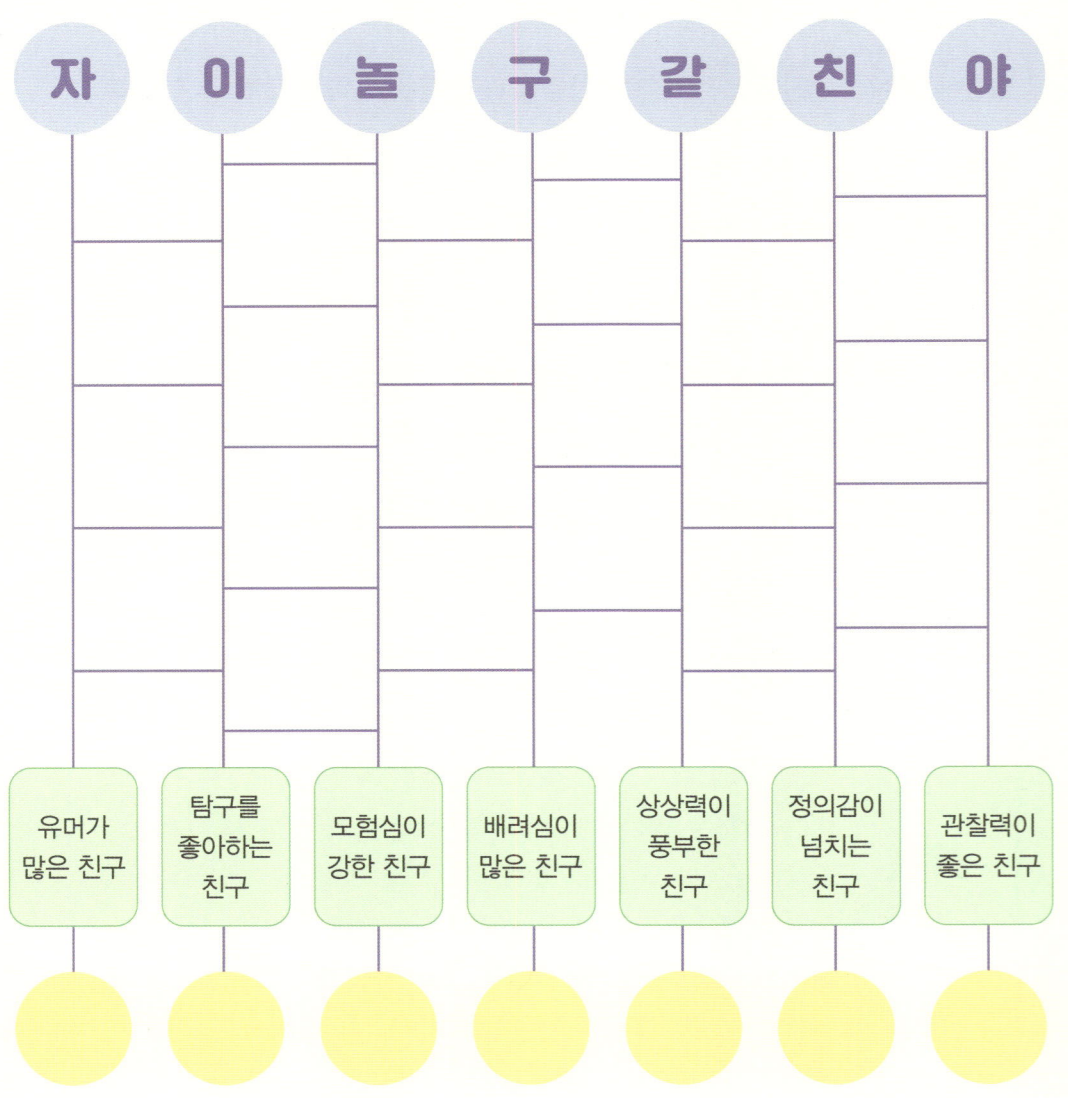

▶ 정답은 113쪽에 있습니다.

몰래 붙인 이름표

쉬는 시간, 선미는 엄마가 사 준 수첩을 꺼내 아이들 앞에서 자랑했다.

"얘들아, 이 수첩 예쁘지? 사이사이에 예쁜 메모지도 들어 있고 옆에는 주머니도 있고."

아이들은 부러운 눈길로 선미의 수첩을 바라보았다.

"선미야, 수첩에 이름이 없네?"

영우가 선미에게 다가와 물었다.

"귀찮아. 그리고 이름을 쓰면 지저분해진단 말이야."

"바깥에서 안 보이게 안쪽에 이름 스티커 붙이면 되잖아. 내가 붙여 줄게."

영우가 선미를 향해 라벨지와 투명 테이프를 들어 보이며 말했다.

"그럴까? 너는 배려하는 마음이 깊은 것 같아."

영우는 선미의 칭찬에 환하게 웃으며 라벨지에 '누리반 강선미'라고 써서 수첩 안쪽에 정성스레 붙였다.

그림을 그려야 하는 시간에 재현이는 새로 산 색연필을 꺼냈다.

"이것 봐라. 24색 색연필이야. 손에 묻지도 않고 먹어도 괜찮대."

재현이는 색연필을 입에 넣어 먹는 시늉을 하며 신나게 자랑했다.

"재현아, 이름표 안 붙였네. 내가 색깔마다 이름표 붙여 줄까? 잃어버리지 않게."

영우가 다가와서 라벨지를 흔들어 댔다.

"귀찮게 하나하나 언제 붙이냐? 잃어버리면 또 사 달라고 하지, 뭐."

"귀찮아도 내가 해 줄게."

"그래도 싫어. 누가 인간 스티커 아니랄까 봐."

재현이는 자기도 모르게 예의 없이 영우의 별명을 불러 버렸다.

영우는 항상 라벨지와 투명 테이프를 가지고 다니며 자기 물건은 말할 것도 없이 남의 물건에도 이름을 적어 붙여 주곤 했다. 그래서 '인간 스티커'라는 별명을 얻었다.

영우는 기분이 상했는지 교실 뒷문으로 나갔다.

영우는 1층 교무실 옆 현관에 갔다. 그곳에는 아이들이 찾아가지 않은 물건들이 쌓여 있었다. 보온병, 수저통, 신발주머니, 짝 잃은 실내화, 장갑에 가방까지 있었다.

거기에는 '주인을 찾아 주세요'라는 메모가 붙어 있었다. 영우는 현관 옆 계단에 쪼그려 앉아 그 메모를 물끄러미 쳐다보았다. 잠시 후, 수업 시작을 알리는 종소리가 울리자 영우는 교실에 재빨리 들어갔다.

다음 날 비가 왔다. 아이들은 저마다 우산을 들고 학교에 왔다. 영우는 라벨지와 투명 테이프를 들고 복도에서 아이들을 기다리고 있었다.

연주가 우산걸이에 우산을 걸었다. 그러자 영우가 우산을 살펴보았다.

"연주야, 네 우산에 이름 안 썼구나?"

연주가 끄덕이자, 영우는 기다렸다는 듯 라벨지에 '누리반 김연주'를 써서 우산 손잡이에 붙였다.

"형준아, 안녕? 이름이 안 붙었네."

영우는 형준이 우산에도 '누리반 우형준' 이름을 쓴 라벨지를 붙였다.

재현이가 왔다.

"재현아, 네 우산에도 이름 붙여 줄게."

"괜찮아. 이건 비싼 거란 말이야."

"그러니까 잃어버리지 않게 이름을 붙여 줄게. 응?"

"싫다니까."

재현이는 신경질을 부리며 영우를 확 밀었다. 그러자 영우는 재현이에게 더 이상 아무 말도 하지 않았다.

영우는 아침 내내 아이들이 올 때마다 우산에 이름이 붙어 있는지 물어보고 이름이 없는 우산에 이름표를 붙였다.

다음 날, 선미가 학교에 오자마자 선생님 앞에 나갔다.

"선생님, 혹시 교실에서 제 수첩 못 보셨나요?"

"왜, 잃어버렸어?"

"어제 운동장에 가지고 나간 것까지는 기억이 나는데……."

선미는 울상을 지으며 말끝을 맺지 못했다.

그때 교실 문이 열리며 어떤 아이가 들어왔다. 손에는 선미의 수첩이 들려 있었다.

"안쪽에 반과 이름이 있어서……."

선미는 수첩을 받아 들고 너무나 좋아했다. 선미가 수첩을 펴자, 영

우가 적어 준 이름표가 붙어 있었다.

뒤이어 다른 아이가 들어왔다. 손에는 우산이 들려 있었다.

"이 반에 이재현이란 아이 있어요?"

재현이는 그 우산을 보고 얼굴이 빨개졌다.

'어? 어제 놀이터에서 잃어버렸는데. 놀다가 비가 오지 않아서 그만……. 그런데 어떻게 알았을까?'

재현이는 고개를 갸웃거리며 우산을 살펴보았다. 우산 안쪽에 '누리반 이재현'이라는 이름표가 붙어 있었다.

재현이가 재빨리 영우를 쳐다보았다. 영우는 재현이와 눈이 마주치자마자 시치미를 떼듯 재현이의 시선을 피해 다른 곳을 쳐다보았다.

수업이 끝나고 쉬는 시간이 되었다.

재현이는 영우를 찾았다. 하지만 영우가 보이지 않았다.

"재현아, 너도 영우 찾니?"

선미도 영우를 찾고 있었다.

"응. 그런데 안 보이네?"

"또 잃어버린 물건 있는 데 간 거 아냐?"

"같이 가 보자."

재현이와 선미는 교무실 옆 현관으로 갔다. 영우가 현관에 몸을 기대고 있었다.

"영우야, 고마워!"

재현이가 먼저 고맙다는 인사를 했다.

"영우 너지? 내 우산에 이름표 붙여 놓은 거."

재현이의 말에 영우가 뒷머리를 긁적거렸다.

"재현아, 미안해. 네 허락도 없이 몰래 붙여 놓아서."

"아냐. 이름표 붙여 줘서 정말 고마워. 사실 어제 엄마한테 우산 잃어버렸다고 많이 혼났거든. 그런데 넌 왜 맨날 여기에 있니?"

재현이가 묻자, 영우는 물끄러미 주인을 잃은 물건들을 보며 아무 대답이 없었다. 그런데 갑자기 영우의 얼굴에 그늘이 짙게 드리워졌다. 그리고 어깨가 들썩거리기 시작했다.

"너 우는 거야?"

영우가 눈물을 꾹 삼키며 말했다.

"쟤들이 불쌍해. 나처럼 말이야."

"그게 무슨 소리야?"

"난 어릴 때 놀이공원에서 엄마, 아빠랑 잠깐 헤어진 적이 있어. 그때 엄마가 이름표 목걸이를 줬는데, 노느라 잃어버렸거든. 그날 엄마, 아빠랑 못 만나는 줄 알고 너무 무서웠어."

재현이와 선미는 영우의 떨리는 목소리에 아무 말도 할 수 없었다.

영우는 계속 '주인을 찾아 주세요'라는 글만 쳐다보았다. 재현이는 영우에 대해 몰랐던 사실을 알고 놀라면서도 살며시 영우의 어깨를 감싸 주었다.

> 톡톡, 고민 있어요!

친구 사이에도 조건이 필요한가요?

좋은 친구란 어떤 친구일까요? 나를 좋아해 주고 나를 끝까지 믿어 주는 친구, 나의 개성을 존중하며 함부로 대하지 않고 예의를 지키는 친절한 친구, 나의 부족한 면을 채워 주는 친구, 나와 비슷한 가치관을 가지고 있는 친구, 나의 꿈을 응원하면서 나의 발전을 도와주는 배울 점이 많은 친구, 약속을 잘 지키는 친구, 힘들 때 내 곁에 있어 주는 친구, 거짓말을 하지 않는 친구, 내 이야기에 귀 기울여 주는 친구, 함께 있으면 늘 재미있는 친구, 서로의 비밀을 공유하

고 지켜 주는 친구, 내 부탁이라도 자기의 뜻과 다르면 거절할 줄 아는 친구, 어느 한쪽에게 손해를 입히지 않는 친구.

　이처럼 좋은 친구의 모습은 너무나 다양해요. 그런데 이러한 조건을 모두 갖춘 친구를 만나기는 힘들지요. 무엇보다 이러한 좋은 친구가 생기기를 기다리는 것보다는 자기가 먼저 누군가의 좋은 친구가 되도록 노력하는 것이 좋아요. 그리고 서로 좋은 친구가 되기까지는 많은 시간이 걸리므로 인내심을 가져야 한답니다.

박 쌤의 한마디

자기 자신이 먼저 좋은 친구가 될 수 있어야 해요. 그러기 위해서는 자기 자신을 사랑하고 어떤 일이든 할 수 있다는 자신감을 가져야 하지요. 그리고 자신이 어떤 사람인지 정확하게 알고 자신의 모습을 자연스럽게 표현하세요.

친구 사귀기

아래는 책에 나온 여러 가지 낱말이에요. 보기의 낱말을 가로, 세로, 대각선으로 이어 찾아보세요.

보기 배려 단짝 고맙다 자존감 행복해 존중

어	수	지	하	모	배	려
행	노	존	광	유	인	피
비	가	중	호	약	실	자
고	야	나	행	발	정	존
민	맙	보	아	복	프	감
주	허	다	복	걸	해	다
나	단	짝	어	연	자	솔

▶ 정답은 113쪽에 있습니다.

6장

곰돌이 카드

'오늘은 꼭 곰돌이 카드를 받아야지.'

재현이는 호주머니 속의 곰돌이 카드를 만지작거리며 학교에 갔다.

선생님은 심부름하거나 착한 일을 하면 예쁜 아기 곰 그림이 코팅된 곰돌이 카드를 나누어 주었다. 열 장을 받으면 칭찬의 의미로 무엇인가 원하는 것을 부모님에게 말해 얻을 수 있었다. 그래서 아이들은 곰돌이 카드를 얻으려고 무척 노력했다.

재현이는 지금까지 카드 아홉 장을 받았다.

'한 장만 더 받으면 엄마한테 무선 조종 자동차를 사 달라고 해야지.

히히.'

재현이는 장난감 가게에서 눈여겨보아 둔 무선 조종 자동차를 떠올렸다. 재현이는 자동차를 조종하는 모습을 상상하며 이죽이죽 웃었다.

1교시가 끝나자, 아이들이 우유를 다 마시고 빈 우유팩을 우유 상자에 넣어 놓았다.

"오늘 우유 1인 1역인 정현이가 오지 않았는데, 우유 상자를 갖다 놓을 사람 없어요?"

무슨 일이든 적극적인 아이들 여럿이 손을 번쩍 들었다. 재현이도 질세라 엉덩이를 들고 다른 친구들보다 더 높이 손을 들었다.

"그래. 순철이가 갔다 오렴!"

선생님의 말에 재현이는 힘없이 손을 내려야 했다.

'내가 다녀오고 싶었는데.'

순철이는 우유 상자를 갖다 놓고 와서 선생님으로부터 곰돌이 카드를 한 장 받았다. 재현이는 심부름하지 못한 것이 무척 아쉬웠다.

점심시간이었다. 급식을 받던 선미가 그만 식판을 툭 떨어뜨리고 말았다. 그래서 급식실 바닥이 밥과 국, 반찬으로 엉망이 되어 버렸다. 선미는 얼굴이 빨개지며 어쩔 줄을 몰랐다.

급식실 도우미 아주머니가 재빨리 다가와 걸레로 밥과 국, 반찬을 훔쳐 잔반통에 버렸다. 재현이는 재빨리 벽에 걸려 있던 화장지를 가져와 선미에게 건네주어 손과 옷에 묻은 국물을 닦게 했다.

"재현아, 도와줘서 고마워."

선미의 말에 재현이의 얼굴이 붉어졌다. 옆에서 같이 치우던 선생님이 싱긋 웃었다.

점심을 먹고 교실에 돌아오자 선생님이 재현이를 불렀다.

"아까 친구를 도와줘서 칭찬해 주고 싶구나."

선생님은 재현이에게 곰돌이 카드를 한 장 건네주었다.

'야호!'

재현이는 생각지도 못했던 곰돌이 카드를 받자 너무 기분이 좋았다.

"감사합니다. 선생님."

재현이는 선생님에게 머리가 땅에 닿도록 꾸벅 인사를 했다.

집으로 향하는 재현이의 입은 다물어질 줄 몰랐다. 발걸음도 하늘을 날 듯 가벼웠다.

"재현아!"

재현이가 뒤돌아보자 훈재가 다가왔다.

"너 아까 보니까 대단하던데? 다른 아이들은 그냥 자리에 앉아 있었는데 네가 빨리 일어나서 선미를 도와줬잖아. 다른 아이들도 널 다시 봤다며 칭찬하던걸?"

훈재의 말에 재현이가 쑥스러운 듯 뒷머리를 긁적거렸다. 곰돌이 카드를 떠올리자 자기도 모르게 키득키득 웃음이 나왔다.

"뭐 좋은 일 있어?"

"응. 곰돌이 카드 열 장 다 모았거든."

"그랬구나. 뭐 사 달라고 할 건데?"

훈재가 부러운 눈초리로 재현이를 바라보았다.

"무선 조종 자동차. 그게 갖고 싶었거든."

"그래? 나도 열 장 모으면 엄마가 놀이공원에 데려간다고 하셨는데……."

훈재가 입을 꼭 다물고 시무룩한 표정으로 기운 없이 말했다.

"넌 지금 몇 장 모았는데?"

"여덟 장!"

"그럼 두 장만 더 모으면 되겠네?"

"그래. 그런데 이번 주 토요일에 놀이공원에 가면 좋겠는데 그때까지 모을 수 있을지 모르겠어."

훈재는 어깨까지 축 늘어뜨렸다. 그러자 재현이가 머뭇거리기 시작했다.

재현이가 걸음을 멈추었다. 그리고 호주머니에서 곰돌이 카드를 두 장 꺼냈다.

"훈재야, 이거 네가 가져. 그러면 이번 주말에 놀이공원에 갈 수 있을 거야."

훈재의 눈이 휘둥그레졌다.

"넌?"

"난 나중에 네가 받아서 주든지……. 아니면 내가 다시 좋은 일을 해서 두 장을 더 받으면 돼. 금방 모을 수 있을 거야."

"정말, 그래도 되겠니?"

훈재의 얼굴이 금세 환해졌다. 훈재가 좋아하는 모습을 보자 재현이도 덩달아 기분이 좋아졌다.

다음 날, 재현이는 대걸레로 복도를 닦아 곰돌이 카드를 한 장 받았다. 그리고 며칠 후에는 운동장의 쓰레기를 주워 곰돌이 카드를 한 장 더 받았다. 그래서 또다시 곰돌이 카드를 열 장 모았다.

재현이는 쉬는 시간마다 곰돌이 카드를 세고 또 세며 히죽히죽 웃었다. 여진이가 그 모습을 부러운 듯 바라보았다.

"넌 좋겠다. 나도 열 장 모으면 우리 엄마가 엄청 좋아하실 텐데……."

"넌 몇 장 모았는데?"

재현이가 묻자, 여진이는 힘없이 손가락 네 개를 펴 보였다.

"여진아, 금방 모을 수 있을 거야. 너무 걱정하지 마!"

"남들은 열 장을 거의 다 모았는데 나만 네 장이잖아. 아마 우리 반에서 제일 꼴찌일 거야."

재현이는 '꼴찌'라는 말에 여진이가 안됐다는 생각이 들었다.

재현이는 무엇인가 곰곰이 생각하며 곰돌이 카드를 만지작거렸다. 그러다가 곰돌이 카드 여섯 장을 여진이에게 건네주었다.

"자, 네가 가진 네 장에다 이 여섯 장을 더하면 열 장이 될 거야. 그러니 가서 엄마에게 보여 드려. 알았지? 그리고 이런 것은 좋은 방법은 아니니까 앞으로 열심히 해야 해."

재현이는 기쁜 마음으로 여진이에게 곰돌이 카드를 주었다. 여진이가 빙그레 웃는 모습을 보자 재현이도 덩달아 기분이 좋아졌다.

다음 날, 집에 가는데 훈재가 다가왔다.

"재현아, 네 덕분에 놀이공원 잘 갔다 왔어. 오늘 우리 집에서 컴퓨터 게임 하자. 맛있는 것도 먹으면서 말이야."

컴퓨터 게임이라는 말에 재현이의 귀가 솔깃해졌다. 사실 컴퓨터에 비밀번호가 걸린 뒤로는 한 번도 해 본 적이 없기 때문이다.

'아냐, 내가 게임을 하면 엄마를 속이는 거야.'

재현이는 엄마의 모습을 떠올렸다.

"훈재야, 생각해 줘서 고마워. 하지만 난 엄마하고 당분간 컴퓨터 게임 하지 않기로 약속했어."

"야, 우리 집에서 하면 엄마도 모르실 텐데?"

"아냐. 그래도 안 할래."

재현이는 훈재와 같이 있으면 자기 마음이 변할 것 같아서 얼른 자리를 피했다.

그런데 그 후, 재현이는 곰돌이 카드를 쉽게 모으지 못했다. 일주일 동안 겨우 두 장을 더 모았을 뿐이었다.

며칠 후, 집에 돌아온 재현이에게 엄마가 빙긋 웃으며 물었다.

"재현아, 너는 곰돌이 카드 몇 장이니? 아직 곰돌이 카드를 열 장 모으지 못한 모양이구나?"

재현이는 뭔가 이야기하려고 입을 달싹거리다 다시 다물었다.

"다른 친구들은 벌써 열 장 모아서 칭찬도 받고 선물도 받았다고 그러던데……."

엄마가 생글생글 웃으며 약 올리듯 말했다. 재현이는 고개를 숙인 채 아무 말도 하지 않았다.

'그게 아닌데…….'

재현이는 사실대로 말하려다 말았다.

재현이는 아무 대꾸도 하지 않고 어깨를 축 늘어뜨린 채 자기 방으로 들어갔다.

그런데 방 안에 들어간 재현이는 깜짝 놀랐다. 책상 위에 그렇게 갖고 싶어 하던 무선 조종 자동차가 놓여 있었기 때문이다.

재현이는 너무 뜻밖의 일이라 얼떨떨한 표정으로 거실로 나와 엄마를 쳐다보았다.

"응. 네 친구들 엄마들로부터 전화를 받았단다. 네가 곰돌이 카드 열 장을 모을 때마다 친구들에게 나눠 줬다더구나. 친구를 위해 가장 중요한 것을 나눠 주다니. 넌 역시 자랑스러운 내 아들이야!"

엄마는 재현이를 꼭 끌어안았다. 재현이도 엄마 품 안에 얼굴을 콕 묻었다.

친구를 도와주고 싶어요

재현이는 누가 시키지 않았는데, 급식판을 떨어뜨린 선미를 도왔어요. 이렇게 바로 행동에 나서서 돕는 건 바람직한 일이에요. 그런데 신중해야 할 경우도 있어요. 예를 들어, 친구가 학급에 필요한 준비물을 무겁게 들고 가는데, 도와주고 싶은 마음에 친구의 손을 덥석 잡으면 어떻게 될까요? 친구가 놀라서 들고 있던 걸 떨어뜨릴 수도 있겠지요. 이때 무작정 돕기보다는 친구에게 "내가 도와줄까?"라고 물어본 다음 돕는 게 좋을 거예요.

친구가 실수를 하거나 어려움에 빠져 있을 때 도와주는 친구가 진정한 친구예요. 이렇게 친구를 위해 따뜻한 마음을 베풀면 도움을 준 친구는 뿌듯함을 느낄 거고, 도움을 받은 친구는 그 친구를 자랑스러워할 거예요. 나아가 도움 받은 친구는 자신에게 도움을 준 친구가 어려움에 빠졌을 때 틀림없이 앞장서서 도와줄 겁니다.

그런데 때로는 친구가 도움을 거절할 수도 있어요. 선한 마음으로 도우려고 했지만 도움을 거절당하면 기분이 나쁠 수도 있지요. 하지만 친구의 입장에서는 상대방에게 폐를 끼치고 싶지 않거나 자기 스스로 할 수 있다고 생각해서 거절할 수 있어요. 그러므로 친구 사이에도 존중과 예의가 필요하답니다. 진짜 좋은 친구는 친구의 의견을 존중해 줍니다.

박 쌤의 한마디

배려란 친구의 입장에서 생각하고 친구의 마음이 불편하지 않도록 헤아리는 힘이에요. 나보다 친구에게 관심을 가지고 배려한다는 것은 그리 쉬운 일이 아니에요. 그래서 배려하는 마음은 친구의 마음을 열게 하지요.

친구 관계를 잘 유지하기 위한 방법

재현이는 친구를 도우며 기뻐하는 자신을 발견했어요. 친구와 즐겁게 지내려면 필요한 것이 무엇인지 찾아서 동그라미를 해 보세요.

▶ 정답은 113쪽에 있습니다.

1004

"재현아, 이번 주 토요일이 내 생일이야. 그날 우리 집에 와서 같이 놀자."

유성이가 재현이에게 초대장을 건네주었다. 색종이 한 장을 반으로 접어서 만든 간단한 초대장이었다.

"응."

"꼭 와야 해. 알았지?"

유성이는 다짐을 받으려는 듯 다시 물었다.

"그래, 알았어."

재현이는 마지못해 고개를 끄덕이며 대답했다. 그래도 유성이는 입을 쫙 벌리며 웃었다.

유성이는 다른 몇몇 아이들에게도 방긋방긋 웃으며 초대장을 나누어 주었다.

"유성이 집은 지하라서 깜깜할 거야. 왠지 무서울 것 같지 않니?"

"그래. 매일 똑같은 옷만 입고 다니는 걸 보면 짐작할 수 있잖아. 저런 애와 어울리면 나까지 좀 이상하게 보일 것 같아."

"맞아. 어른들이 친구는 가려서 사귀라고 했잖아."

재현이는 뒤에서 몇몇 아이들이 수군거리는 소리를 들었다.

'가야 하나? 가면 다음 주 내 생일에 초대해야 하잖아. 별로 친하게 지내고 싶지 않은데…….'

재현이는 잠깐 망설이다 유성이의 초대장을 구겨 은근슬쩍 쓰레기통에 버렸다.

월요일, 재현이가 교실에 들어서자마자 여진이와 선미가 기다렸다는 듯이 재현이를 복도로 불러냈다.

"재현아, 너 왜 약속을 어겼니? 유성이 생일 파티에 꼭 오겠다고 했다며? 너 때문에 유성이랑 우리랑 한 시간 동안이나 기다렸잖아."

선미가 신경질을 부리며 쏘아붙였다.

"그게 그날 집에 일이 있어서……."

그제야 분위기를 파악한 재현이는 은근슬쩍 둘러댔다.

"정말이야? 솔직히 말해 봐. 거짓말하면 너하고 친구 안 할 거야."

선미가 의심스럽다는 듯 눈을 가늘게 뜨고 재현이를 다그쳤다.

"그게……. 난 사실 유성이랑 친해지고 싶지 않아서 그랬어."

"왜 유성이가 널 못살게 굴었어?"

재현이는 고개를 저었다.

"왜 유성이가 싫은데?"

"그냥. 유성이는 공부도 못하고, 지저분하고……."

재현이는 솔직하게 자기 생각을 말했다.

"그래. 네 맘은 알겠어. 하지만 알고 보면 유성이가 얼마나 착하고 정이 많은데……."

"맞아. 항상 생글생글 웃고 다니니까 이렇게 아이들이 무시하는 거야. 재현이 너, 만약에 내가 공부 못하고 지저분하게 다니면서 방글방글 잘 웃기만 했으면 나하고도 친구 안 했겠네?"

여진이와 선미가 앞다투어 윽박지르듯 말했다.

"그건……."

재현이는 제대로 대답할 수 없었다.

교실에 들어간 재현이는 조심스레 유성이를 살폈다. 그런데 유성이가 은근히 재현이의 눈길을 피하는 것 같았다.

재현이는 수업 시간 내내 유성이 때문에 마음이 무거웠다. 날마다 먼저 다가와 인사를 건네던 유성이의 웃는 얼굴이 아른거렸다.

학교를 마치고 재현이는 집을 향해 터덜터덜 걸어왔다. 집 앞에 다다를 때까지 마음의 무게는 그대로였다.

"무슨 고민 있니?"

현관문을 열자마자 엄마가 재현이의 어두운 표정을 보고 물었다. 재현이는 학교에서 있었던 일을 엄마에게 말했다.

"그래, 그건 네가 잘못했구나. 어쩌면 그 친구도 너한테 실망했을지도 모르고."

엄마의 말에 재현이는 풀이 죽었다.

"겉모습으로 친구를 판단하지 말고, 대화를 나눠 보렴. 한 명의 친구도 좋지만 여러 친구와 두루 사귀는 것도 좋단다."

"어떻게 하죠?"

"글쎄, 네가 사과하고 네 생일 파티에 초대하는 것은 어떻겠니?"

다음 날, 재현이는 친구들에게 생일 초대장을 돌렸다.

재현이는 유성이에게도 초대장을 주었다. 유성이의 초대장에는 작은 쪽지가 더 들어 있었다.

> 유성아, 네 생일 파티에 가지 못해 미안해.
> 그래도 이번 내 생일 파티에는 꼭 와 줘. 알았지?

재현이의 초대장을 받은 유성이의 얼굴이 환하게 밝아졌다. 재현이도 마음이 한결 편안해졌다.

재현이의 생일이 되었다. 재현이와 엄마는 큰 상을 펴 놓고 아이들이 좋아하는 피자와 치킨, 음료수를 준비했다.

"몇 명이나 올 것 같니?"

"다섯 명보다는 분명히 많아요."

엄마의 물음에 재현이가 들뜬 목소리로 자신 있게 말했다.

재현이가 시계를 쳐다보았다. 초대한 시각인 3시가 다 되었는데 아무도 오지 않았다. 재현이는 조바심하기 시작했다.

'내가 초대장에 날짜나 시간을 잘못 적었나? 아냐, 그럴 리 없어.'

3시가 넘었다.

'지난번에 유성이와 약속을 안 지켜서 다른 아이들이 삐쳤을까? 아니면 내가 뚱뚱해서 싫은 건가?'

3시 10분이 지났다.

'아무도 안 오면 창피해서 어떡하지?'

재현이는 얼굴이 붉어지며 온갖 상상을 다 했다.

딩동! 딩동!

순간 초인종이 울렸다. 재현이가 신발도 신지 않은 채 쏜살같이 나가 현관문을 열었다.

"안녕! 좀 늦었지? 다 같이 모여서 오느라고 그랬어."

여진이와 함께 영우, 민수, 선미, 훈재, 유성이가 우르르 몰려 들어왔다. 그제야 재현이 얼굴이 환하게 밝아졌다.

재현이는 엄마를 향해 슬쩍 손을 들어 브이 자를 그려 보이며 씩 웃었다.

아이들은 자리에 앉아 가장 먼저 생일 축하 노래를 불렀다. 재현이는 환하게 웃으며 케이크의 불을 껐다. 그러자 아이들은 재현이에게 선물을 건넸다. 재현이는 환하게 웃으며 선물을 하나씩 풀어 보았다. 모두 책이었다.

"너한테는 책이 가장 잘 어울릴 것 같았어. 책이 다른 선물보다 더 비싼 거 알지?"

선미의 말에 재현이는 대꾸도 못하고 고개를 끄덕였다.

"농담이야, 농담. 그냥 그렇게 있지 말고 책 앞장을 넘겨 봐."

선미의 말에 재현이는 책 앞장을 넘겨 보았다.

지난번에 내가 식판을 떨어뜨렸을 때 도와줘서 정말 고마워. 난 당황하고 부끄러워서 아무것도 못 했는데……. 앞으로 널 영원히 기억할 거야.

— 너의 친구 선미가 —

재현이는 다른 책들 앞장도 재빨리 넘겨 보았다. 책마다 마음이 담긴 글이 쓰여 있었다.

재현아, 생일 축하해. 네가 그려 준 내 얼굴 아직도 잘 가지고 있어. 혹시 네가 만화가로 유명해지면 다른 사람들에게 자랑하려고.

— 방울이 여진이가 —

생일 축하해. 그리고 날 초대해 줘서 고마워. 앞으로 더 친하게 지내자.

— 유성이가 —

넌 만화 그리기 챔피언이야. 알지?

— 민수가 —

책 뒤에 네 이름 써 놓았다. 히히.

— 인간 스티커 영우가 —

곰돌이 카드를 선뜻 줘서 고마워. 언젠가 내 도움이 필요하면 말해. 뭐든지 도와줄 테니까.

— 훈재가 —

"모두 정말 고마워!"

재현이는 책 앞장에 적힌 글을 읽고 눈시울을 붉히며 말했다.

생일 파티가 끝나고 아이들이 다 돌아간 뒤 재현이는 엄마가 상 치우는 것을 도와주었다. 그리고 컴퓨터가 있는 방에 들어갔다. 책상 위에 작은 쪽지가 놓여 있었다.

> 1004

쪽지에 쓰인 숫자는 컴퓨터 비밀번호가 틀림없었다.

'이렇게 쉬운 걸……. 그런데 다시 옛날로 돌아가 컴퓨터 게임만 하는 건 싫어. 앞으로는 컴퓨터 게임 조금만 하고 친구들하고 놀 거야!'

재현이는 씩 웃으며 주방으로 갔다. 그리고는 설거지하는 엄마의 뒤로 가서 엄마의 허리를 꼭 껴안았다.

"얘가 왜 이래? 징그럽게……."

엄마가 재현이를 떼어 내려는 듯 허리를 흔들었지만 재현이는 엄마의 허리를 놓지 않았다.

"엄마, 고마워요. 엄마 덕분에 좋은 친구들을 사귈 수 있었어요."

엄마는 몸을 돌려 재현이를 지그시 바라보더니 따뜻하게 안아 주었다.

톡톡, 고민 있어요!

친구가 많았으면 좋겠어요

한 명의 친구보다 여러 명의 친구와 두루 사귀고 싶은 친구도 있을 거예요. 많은 친구를 사귀고 싶다면 어떻게 해야 할까요?

책, 운동, 동물, 연예인, 좋아하는 게임 등 다양한 활동 중에서 공통된 관심사를 찾아 먼저 말을 건네세요. 공통점이 있다면 이야기를 많이 나눌 수 있기 때문에 쉽게 친해질 수 있지요.

그리고 늘 웃는 얼굴로 친절하게 대하고 친구 이름을 먼저 불러 주며 큰 소리로 인사를 건네는 것도 많은 친구를 사귈 수 있는 비결이지요.

친구를 사귈 때에는 자기 자신과 친구에게 항상 솔직하세요. 자신의 입장을 솔직하게 털어놓으면 친구도 마음을 열고 자신의 생각을 얘기하게 되지요. 솔직함은 자기 자신을 당당하게 만들 뿐만 아니라 친구의 마음을 얻을 수 있는 가장 좋은 방법이랍니다.

친구가 잘한 일이 있으면 칭찬을 많이 해 주세요. 그리고 도움이 필요한 친구가 있다면 친하지 않더라도 잘 도와주고 친구들의 생일을 꼼꼼하게 잘 챙겨 주면 많은 친구를 얻을 수 있어요.

다만 친구를 많이 만들기 위해서는 많은 시간과 노력이 필요하다는 것도 알아 두세요.

박 쌤의 한마디

진정으로 나를 받아들이고 배려해 주는 친한 친구가 있다면 친구의 수는 적어도 괜찮아요. 친한 친구가 많다면 자신만의 시간을 갖지 못하는 경우도 있으니 주의해야 하지요.

3행시 짓기

내가 좋아하는 친구의 이름으로 3행시를 지어 보세요.

내가 좋아하는 친구는 누구인가요?

그 친구가 좋은 이유를 써 보세요.

내가 좋아하는 친구의 이름으로 3행시를 지어 보세요.